LES
TROIS RACINES DU VERBE « ÊTRE »

DANS LES LANGUES INDO-EUROPÉENNES

PAR

Victor HENRY,

Docteur en Droit, Professeur à l'Institut du Nord.

LILLE,
IMPRIMERIE L. DANEL,
1878.

LES TROIS RACINES DU VERBE « ÊTRE »

DANS LES LANGUES INDO-EUROPÉENNES [1]

PAR

VICTOR HENRY,

Docteur en Droit, Professeur à l'Institut du Nord.

Lu à la séance du 15 février 1878

INTRODUCTION.

La primitive langue indo-européenne, d'où sont issus les nombreux dialectes de cette famille si répandue, n'avait probablement, pour indiquer le fait pur et simple de l'existence, sans modalité accessoire, l'être en soi et en tant qu'opposé au non-être, qu'une seule racine, qui s'est d'ailleurs conservée dans tous les idiomes de ce groupe. C'est la racine *as*, que l'on retrouve, plus ou moins corrompue, mais aisément reconnaissable, dans la plupart des temps du verbe « être » de chaque langue indo-européenne. Mais chacune avait également reçu de la langue-mère un certain nombre d'autres racines, qui, différenciées à l'origine de la racine *as* par une nuance

[1] Extrait des *Mémoires de la Société des Sciences, de l'Agriculture et des Arts de Lille*, année 1878, tome VI, 4ᵉ série.

de sens assez prononcée, sont devenues, par une série d'altérations successives, ses quasi-synonymes et ses succédanées dans la conjugaison. De plus, chaque langue du groupe, s'attachant, pour ainsi dire, de préférence à telle ou telle des racines fournies par l'aryaque primitif [1], lui a fait subir, dans le sens que j'indique, une évolution plus complète : c'est ainsi que nous voyons les monosyllabes *bhu* [2], devenir ; *vas*, habiter ; *gan*, engendrer ; *sta*, se tenir debout ; *vart*, tourner, etc., prendre, en sanskrit, en grec, en latin, en gotique, en slave, le sens non primitif d'« être », et supplanter dans certaines formes grammaticales, la racine *as*, qui avait originairement le monopole de l'expression de cette idée. C'est cette évolution que je me propose d'étudier dans les principales langues indo-européennes [3], en limitant l'objet essentiel de mes analyses à la combinaison des trois racines *as*, *bhu* et *vas*, sans toutefois m'interdire absolument une digression sur les autres à mesure que l'occasion s'en présentera.

---

[1] Bien que je n'ignore pas l'impropriété de ce terme, appliqué à la langue commune indo-européenne, je crois pouvoir l'employer *brevitatis causa*, comme je l'ai déjà fait dans mon étude sur le Quichua (Congrès des Américanistes, 1877).

[2] *u* — *u* allemand dans toutes les transcriptions.

[3] Dussé-je encourir le reproche de m'être borné à des vues un peu superficielles, j'ai voulu que mon œuvre de début à la Société des Sciences fût de nature à intéresser toutes les personnes lettrées, et non pas seulement celles qui sont au courant des procédés et des résultats de la linguistique contemporaine. J'ignore si j'aurai réussi, mais c'est dans ce but que j'ai élagué les détails trop ardus, les formes modales et temporales trop compliquées, donné plus de développement aux langues modernes, et complètement négligé deux rameaux, le zend et le letton, dont je ne me dissimule pas l'importance, mais qui n'ont plus de nos jours de représentant très-répandu.

§ Ier. — FORMES PRIMITIVES.

Il faut d'abord déterminer les formes de conjugaison des trois verbes aryaques, c'est-à-dire les restituer conjecturalement d'après les règles précises de la grammaire comparée. Il est presque inutile de rappeler que, dans l'état présent de la linguistique, après les magnifiques travaux des linguistes allemands Bopp, Schleicher, Curtius, Grimm, Meyer, de M. Max Muller, de MM. Burnouf et Chavée, la plupart de ces conjectures équivalent à des certitudes.

A S. ÊTRE. — I. - Le thème du présent de l'indicatif est la racine pure, sans adjonction ni modification vocalique, à laquelle s'affixent régulièrement les désinences personnelles : ainsi *as-mi*, je suis, *asmasi*, nous sommes, etc. Il n'y a d'irrégularité que pour la 2e personne du singulier, qui devrait faire *as-si*, mais où de bonne heure les deux *s* se sont fondus en un seul ; car toutes les langues du groupe indiquent une forme ancestrale *asi*.

II. — Le thème du parfait n'offre qu'un intérêt théorique : il a dû disparaître de fort bonne heure, puisqu'aucune langue indo-européenne n'en montre le moindre vestige. Néanmoins, on peut le restituer par analogie : comme le thème *ad-*, manger, fait au parfait, par réduplication et gouna de la voyelle radicale, *adâd-* (gr. ἐδωδ-), ainsi, le thème *as-* dut faire *asâs-*, et, avec les indices personnels du temps parfait, *asâs-a* (pour *asâs-ma*), je fus : *asâs-masi*, nous fûmes, etc.

III. — Le thème du futur se forme par l'affixion au thème présent de l'indice *sja* [1], ainsi *as-sja*. Mais, bien plutôt, c'est tout simplement un thème présent [2] du verbe *as*, formé de racine et suffixe *ja*, *as-ja-*, et, comme beaucoup de thèmes présents, employé dans une acception future ; car tous les idiomes qui ont conservé cette forme la présentent avec un seul *s*. Subséquemment, ce dissyllabe *asja*, souvent écourté en *sja*, sert à la formation de tous les futurs aryaques, maintenue intacte par le sanskrit, le zend et le grec : ainsi : *as-jâ-mi*, je serai, gr. ἔσω, *as-ja-si*, tu seras, etc., et, de même, *da*, donner, *dâ-sjâ-mi*, je donnerai, gr. δώσω. Ce futur manque aux langues du rameau germano-slave, qui le remplacent par une tournure périphrastique.

BHU. — I. - Le thème présent se forme par gouna de la voyelle radicale (*bhau*) et adjonction de la voyelle *a*, thème *bhava-*, d'où *bhavâ-mi*, je deviens, ou par la même adjonction, mais sans gouna, thème *bhva-*, d'où *bhvâ-mi*. Le sanskrit a gardé la première formation, le grec, la seconde.

II. — Le thème régulier du parfait, par réduplication et gouna de la racine, serait *bubhav-*, avec l'affixe de la première personne du singulier *bubhava* pour *bubhav-ma*, je

---

[1] *j* = *j* allemand (*jott*) dans toutes les transcriptions.

[2] On sait que l'aryaque possédait jusqu'à sept procédés principaux de formation de thème du temps présent, parmi lesquels racine pure + suffixe *ja* : *svid-jâ-mi*, je sue, gr. ἰδ-ί-ω. Chaque thème avait à l'origine sa fonction spéciale, intensive, itérative, durative ou autre, qui a disparu peu à peu et sans doute d'assez bonne heure.

devins. Mais cette forme absolument conjecturale dut disparaître de fort bonne heure, pour faire place à l'interversion *babhûva*, comme *sasûva*, j'engendrai, de racine *su*, thèmes anormaux dont Schleicher explique la genèse par l'hypothèse d'une confusion des quelques racines à finale en *u* de la langue indo-européenne avec les très-nombreuses racines en *a* du même idiome [1].

III. — Le futur se forme, comme il a été dit plus haut, par l'adjonction de *sja*, avec ou sans gouna du radical : avec gouna *bhav-sja-*, skr. *bhav-i-s'ja-* [2]; sans gouna, *bhu-sja-* ou mieux *bhû-sja-*, comme l'indique le participe futur zend *bû-sjant-s*.

VAS. — I. - Présent de l'indicatif, voyelle *a*, sans gouna, thème *vasa-*, skr. *vas-âmi*. j'habite, par différenciation d'avec *vas*, vêtir, qui fait *vas-mi*.

II. — Futur parfaitement régulier : *vas-sja-*.

III. — Parfait, régulier aussi, par réduplication et gouna du radical, *vavâs-*, première personne *vavâsa*, comme de *vak*, parler, on fait *vavâka*, skr. *vavâc'a* [3].

[1] Schleicher. Compendium der vergleichenden Grammatik der Indogermanischen Sprachen Weimar 1876, p. 719.

[2] *s'* = *sch* allemand *ou ch* français.

[3] *c'* ou *c* croato-serbe = *cz* polonais ou à peu près *tch*.

Plaçons maintenant en regard les unes des autres les formes corrélatives des trois verbes aryaques.

			AS.	BHU.	VAS.
Sg.	1.	I.	as-mi.	bhavâ-mi.	vasâ-mi.
	2.		as-i.	bhava-si.	vasa-si.
	3.		as-ti.	bhava-ti.	vasa-ti.
Pl.	1.		as-ma si.	bhavâ-masi.	vasâ-masi.
	2.		as-ta si.	bhava-tasi.	vasa-tasi.
	3.		as-anti.	bhava-nti.	vasa-nti.
Sg.	1.	II.	as-âs-a.	ba-bhûv-a.	va-vâs-a.
	2.		as-âs-ta.	ba-bhûv-ta.	va-vas-ta.
	3.		as âs a.	ba-bhûv-a.	va-vâs-a.
Pl.	1.		as-as-masi.	ba-bhûv-masi.	va-vas-masi.
	2.		as-as-tasi.	ba-bhûv-tasi.	va-vas-tasj.
	3.		as-as-anti.	ba-bhûv-anti.	va-vas-anti.
Sg.	1.	III.	as-jâ-mi.	bhav-sjâ-mi.	vas-sjâ-mi.
	2.		as-ja-si.	bhav-sja-si.	vas-sja-si.
	3.		as-ja-ti.	bhav-sja-ti.	vas-sja-ti.
Pl.	1.		as-jâ-masi.	bhav-sjâ-masi.	vas-sjâ-masi.
	2.		as-ja-tasi.	bhav-sja-tasi.	vas-sja-tasi.
	3.		as-ja-nti.	bhav-sja-nti.	vas-sja-nti.
Infinitif.			as-ti	bhu-ti.	vas-ti.
Participes.			as-anta.	bhav-anta.	vas-anta.
			?	bhav-ana.	vas-ita.

Ce sont ces formes, et accessoirement quelques autres, que nous allons retrouver, plus ou moins altérées, dans toutes les langues indo-germaniques. [1]

---

[1] Toujours en vue d'une plus grande simplicité, j'ai complètement passé sous silence les désinences du duel, qui ont disparu dans les langues modernes, ou ne sont plus représentées en letto-slave que par des débris informes. Les modes autres que l'indicatif ne m'ont paru également mériter que quelques remarques sommaires.

§ II. — SANSKRIT.

Les trois racines existent en sanskrit ; mais le sens du verbe « être » n'appartient qu'aux deux premières, et essentiellement à *as*.

AS. — I. - Présent : thème *as-*. Sg. 1. *as-mi*, je suis ; 2. *as-i* ; 3. *as-ti*, comme en aryaque. Les trois personnes du pluriel perdent la voyelle radicale et font respective- ment : 1. *s-mas*, ary. *as-masi* ; 2. *s-tha* = ary. *as-tasi*, par chute de la désinence et renforcement du *t* consécu- tif à l'*s* ; 3. *s-anti* = ary. *us-anti*.

II. — Parfait : thème *ās-*, contraction de *aās-* pour *asâs-*. Cette restitution est conjecturale, mais conforme aux lois phonétiques de l'indo-européen. — Sg. 1. *ās-a* ; 2. *ās-itha*, par insertion de voyelle euphonique et aspi- ration de la consonne, ary. *ās-ta* ; 3. *ās-a*. — Pl. 1. *ās- imà*, voyelle intercalaire et chute de la désinence ; 2. *ās-à* pour *ās-tasi* ; 3. *ās-us* pour *ās-anti*. Ces deux der- nières formes sont très-altérées, mais l'altération est commune à tous les parfaits sanskrits.

III. — Futur : *as-jâmi*, je serai, comme en aryaque.

BHU. — Il est impossible que les deux racines *as* et *bhu* aient été absolument synonymes dans la langue commune indo-européenne. On peut, en linguistique, affirmer avec certitude que la fonction crée l'organe, c'est-à-dire que le besoin d'exprimer une nuance de la pensée crée une racine, en sorte qu'il est aussi absurde d'imaginer à l'origine l'existence de deux racines pour une seule idée, que d'admettre en physiologie deux organes différents pour une seule fonction. La nuance particulière de signification de *bhu*, devenir, telle qu'on la retroûve dans toutes les langues qui ont gardé cette racine, s'est maintenue en sanskrit dans beaucoup de mots, comme dans *bhava*, la naissance; *bhavana*, le devenir. Mais le verbe *bhavâmi* est devenu, dans la plupart des cas, l'exact synonyme d'*asmi*, à tel point que celui-ci, étant très-défectif, emprunte à l'autre les temps qui lui manquent, et que tous deux sont usités indifféremment comme auxiliaires dans la conjugaison périphrastique des autres verbes.

I. — Présent : *bhavâmi*, etc., comme en aryaque.

II. — Parfait : *babhûva*, comme en aryaque, et les autres personnes comme plus haut celles d'*âsa*.

III. — Futur : *bhav-is'jâ-mi*, etc., thème *bhav-is'-ja-* = ary. *bhav-sja-*, par insertion vocalique et permutation normale de *s* en *s'*.

VAS. — Le verbe *vasâmi* signifie « habiter, séjourner, résider, rester, s'arrêter » comme dans la phrase des Vêdas :

$$upavasati\mathit{v\grave{a}ikunth\hat{a}mvis\,nu}\ ^{(1)},$$

ou dans ce fragment de çloka :

$$j\acute{o}dv\hat{a}rak\hat{a}s\acute{a}dhi\,us'it\acute{o}vikunthasupavasac'r\hat{a}vas\hat{e}tsahrnnas.$$
(2)

Tous les descendants de cette racine ont également le sens de « demeure, séjour », et je ne pense pas qu'on puisse citer un seul exemple de l'emploi du thème *vas*

---

(1) Vichnou *habite* sur le Vaïkounthâ — Faute de caractères, je ne note pas l'*n* lingual sanskrit.

(2) Que celui qui règne à Dvârakâ et *réside* au Vaïkounthâ *reste* dans nos cœurs.

dans l'acception pure et simple de l'existence[1]. La conjugaison de ce verbe ne nous intéresse donc pas ; elle est, d'ailleurs, tout-à-fait régulière : prés. *vasâmi ;* parf. *vavâsa ;* fut. *vat-sjâ-mi,* pour *vas-sjâ-mi,* par un remarquable phénomène de dissimilation.

§ III. — GREC.

La conjugaison du verbe εἶναι est entièrement pure , c'est-à-dire que tous les temps et modes de ce verbe se rapportent à la racine *as,* sans mélange d'aucune autre. Mais ce verbe, étant très-défectif, a dû emprunter à un autre, différent des formes *bhu* et *vas,* la plupart des temps qui lui manquaient ; et, d'autre part, celles-ci se retrouvent, dans plusieurs thèmes verbaux ou nominaux de la langue grecque, avec toute la pureté de leur signi- fication primitive.

AS. — Comme *a* primitif devient ε grec, *as-* devient ἐσ-, et ce thème ne perd jamais sa voyelle initiale. A ce point de vue le grec est plus pur que le sanskrit.

I. — Présent de l'indicatif. — Sg. 1. εἰμί pour ἐσμι = *asmi ;* la chute du σ est compensée par l'allongement inorganique de la voyelle qui le précède, ce que les lin- guistes allemands nomment *ersatzdehnung :* la forme éolienne est ἐμ-μί, où le σ permute en μ par assimilation. — 2. εἶς, même phénomène pour ἐσ-σι = *as-si* (la finale tombe toujours à la 2ᵉ personne). — 3. ἐσ-τί équivalent exact de *as-ti.* — Pl. 1. ἐσμέν pour ἐσμε = *as-masi,* par

---

[1] Le *nirvâna* des bouddhistes, que l'on traduit ordinairement par « non-être » , n'a pourtant rien de commun avec la racine *vas*   il dérive de préfixe *nis* et *vâ* , souffler, éteindre (epr. allem. *aus-blasen*), et signifie proprement « extinction complète ».

chute de la finale *si;* le ν est épenthétique ; la forme antique s'est conservée plus pure dans le dorique ἐσμές. — 2. ἐσ-τέ, ary. *as-tasi*, même phénomène. — 3. εἰσί, c'est-à-dire ἐσντι pour ἐσ-εντι = *as-anti*, par chute du ν et allongement correspondant de la syllabe, processus phonétique fréquent et commun à toutes les 3es personnes du pluriel des présents, futurs et parfaits, v. g. τίθεῖσι = τιθεντι, ary. *dadhanti;* l'ionien dit ἐᾶσι pour ἐανσι, par un allongement semblable de l'α ; le dorien, plus pur, ne changeant pas le *ti* final en σι, conserve le ν : ἐντί.

II. — Parfait : disparu.

III. — Futur. — Sg. 1. ἔσομαι, forme médiopassive qui nous reporte à une forme active disparue ἔσω pour ἔσσω = ἐσ-*jω*, équivalent régulier de l'aryaque *as-jâ-mi*. Le *j*, lettre inconnue à la langue grecque, se fond toujours avec la consonne qui le précède, et la désinence *mi* disparait à la 1re personne du futur de la voix active dans tous les verbes. Il n'y a rien de plus à dire de la conjugaison de ce temps, reproduction parfaite de toutes les formes de la voix médiopassive.

Le verbe εἶναι n'ayant point de parfait, on supplée à l'absence de ce temps, ainsi que de l'aoriste, par les temps correspondants du verbe γίγνομαι (naître, devenir), voix médiopassive d'un actif γίγνω (engendrer). Ce γίγνω lui-même est pour γι-γεν-ω, réduplication régulière de la racine γεν, ary. *gan*, en formation *ga-gan-â-mi*. Il y a cependant ici une anomalie de signification : l'aoriste εγενόμην est bien de voix moyenne ; mais le parfait γέγονα (c'est-à-dire γε-γον-α, ary. *ga-gân-a*, skr. *ǵagâna*)[1], d'ailleurs peu usité, enferme un sens moyen sous une forme active.

Il n'est pas inutile de faire remarquer en passant la

___

[1] *ǵ* — *j* anglais ou *dj* francais

riche floraison de cette racine *gan*, engendrer, connaître, qui a donné naissance, dans toutes les langues indo-européennes, à d'innombrables familles de dérivés. C'est la loi universelle : comme, dans la lutte pour l'existence, certaines espèces végétales ou animales disparaissent entièrement, ou traînent une existence pénible et languissante, et d'autres se répandent dans d'immenses contrées, en étouffant leurs concurrentes, ainsi certaines racines se perdent sans laisser de traces, tandis que d'autres, dans leur puissante évolution, peuplent de leur postérité tous les recoins du dictionnaire.

BHU. — Les aspirées sonores de l'aryaque donnent toujours en grec des aspirées sourdes de même classe, autrement dit *bh = ph*, et il n'est pas difficile de reconnaître le primitif *bhu* dans la racine grecque φυ. On sait que le φ grec n'avait pas originairement la valeur d'un *f*, que nous lui donnons et qu'il a prise de bonne heure, mais bien celle d'un *p* suivi d'une aspiration, comme le *p* initial allemand. En ce qui concerne la concordance de sens, elle est parfaite entre le primitif *bhu*, devenir, et la racine φυ, dont tous les dérivés enferment l'idée de « naître, croître, devenir, faire naître », jamais celle de la simple existence : ainsi, nous avons : φυτόν, plante, c'est-à-dire φυ-το-ν — ary. *bhu-ta-m*, composé de racine sans flexion et suffixe *ta* avec désinence du nominatif singulier neutre, littéralement « le crû » ; φιτύω, engendrer, c'est-à-dire φι-τυ-ω, lat. *fu-tu-o*, ary. *bhu-tu-ámi* (racine + suffixe *tu*), par permutation exceptionnelle de *u* en *i*; enfin, et surtout, le verbe φύω, croître, devenir, thème φυ-.

I. — Présent. — Le thème φυ- du présent a la racine pure ; il ne correspond donc pas à *bhava-*, qui est gounifié, mais à *bhu-*, *bhv-*. De ces deux thèmes de conjugaison que possédait l'aryaque, le sanskrit a gardé le premier, le grec, le second. Mais, ce qui nous prouve bien que ces deux thèmes étaient différenciés à l'origine par une nuance très-sensible de signification, c'est que les deux langues ont conservé chacun d'eux avec une acception différente. En grec, le thème sans gouna φυ- a conservé le sens de la racine *bhu*, devenir ; en sanskrit, le thème gounifié signifie « être », nuance intensive ou durative de « devenir » [1]. Répétons encore avec Schleicher que la supposition d'une variété morphologique, qui ne correspondrait pas à une différenciation dans la fonction, est contraire à la fois aux lois de la linguistique et du bon sens.

II. — Le parfait πέφυκα ne reproduit point *babhûva*; mais on sait que le κ des parfaits grecs n'est pas organique, et que cette désinence κα ne se trouve dans aucune autre langue indo-européenne Au reste, les Ioniens suppriment souvent le κ des parfaits, et l'on trouve, notamment dans le grec homérique, la forme πεφύασι [2], qui nous reporte à une 1re pers. du sg. πεφυα; or celle-ci, en y intercalant le digamma éolique disparu, devient πε-φυϜ-α, équivalent exact de *ba-bhûv-a*.

III. — Comme le présent, le futur a pour thème la racine pure, telle que l'a aussi gardée le zend, et non la racine gounifiée, qu'à adoptée le sanskrit : φύσω, c'est-à-dire φυ-σjω = ary. *bhu-sjâ-mi*.

VAS. — Cette racine n'a guère de représentants dans la langue grecque, par la raison qu'elle ne s'y est pas maintenue comme thème verbal. On la retrouve toutefois, remarquablement conservée, dans le mot ἄστυ, ville, où l'esprit doux remplace le digamma éolique corres-

---

(1) C'est de la même manière qu'on a en russe forme simple, sans gouna, *byli*, être, forme gounifiée avec sens duratif, *byvati*, rester, habiter.

2) Burnouf, *Grammaire grecque*. Paris, 1855, p. 198.

pondant au *v* aryaque : ainsi, Ϝασ-τυ- = ary. *vas-tu*, thème formé de rac. + suff. *tu*, littéralement « l'(endroit) habité » [1]. Qu'on y ajoute ἑστία, foyer, c'est-à-dire ἑσ-τα-*ja*, thème d'adjectif qui a pris le sens nominal, dérivé, par adjonction du suffixe *ja*, d'un thème nominal disparu ἑσ-τα, forme éolienne Ϝεσ-τα-, lat. *Ves-ta* = ary. *vas-ta-*, celui-ci formé à son tour de rac. + suff. *ta*. Ce sont là, ce me semble, les seuls dérivés grecs que l'on puisse avec quelque certitude rapporter à la racine aryaque *vas*, habiter. D'ailleurs, comme elle n'a, sous aucune forme, le sens qui nous occupe, elle ne doit pas nous arrêter plus longtemps.

§ IV. — LATIN.

La langue latine, sensiblement moins pure que la grecque dans la conjugaison du verbe « être », y combine et confond les deux éléments *as* et *bhu*, en la manière qu'on va voir.

AS devient en latin *es*, et, servant de thème au présent et au futur du verbe *es-se*, tantôt perd, tantôt conserve la voyelle radicale, à l'imitation du sanskrit, et à la différence du grec, qui la conserve toujours.

I. — Présent de l'indicatif. — Sg. 1. *sum*, pour *es-um*, par chute de la voyelle radicale ; celui-ci à son tour n'est qu'une modification euphonique de *es-m*, normalement dérivé de l'ary. *as-mi* par perte de la voyelle finale, qui est de règle rigoureuse dans toutes les formes de la conjugaison latine. — 2. *es*, pour *es-i* = *as-i*. — 3. *est* = *as-ti*, chute régulière de la voyelle finale. —Pl. 1. *sumus*

[1] Cpr skr. *vás-tu*, maison, avec gouna du radical.

pour *es-umus* ou *es-mus* = ary. *as-masi*, comme au sg.—
2. *es-tis* — *as-tasi*. — 3. *sunt* pour *es-unt* = *as-anti*. La
disparition de la finale s'observe à toutes les flexions
personnelles.

II. — Parfait : complètement disparu.

III. — Futur : *ero* pour *eso*, la permutation de *s* primitif en *r* latin·étant de règle à peu près absolue entre deux
voyelles ; lequel *es ô*, gr. ἐσ-ω, est lui-même pour *es-jo* =
ary. *as-jâ-mi*. Il n'est pas hors de propos de faire remarquer que ce futur *ero* = *eso* est absolument le seul de la
langue latine qui se forme par le procédé régulier de l'a-
ryaque, du sanskrit et du grec. L'infixe *s*, représentant
de l'antique *sja*, n'affecte aucun verbe latin : tous out un
futur périphrastique et violemment contracté, que ne
connaissait pas la langue primitive. Toutefois, la preuve
que le latin a possédé la forme régulière, à une époque
reculée et préhistorique de son évolution, nous est four-
nie par l'analogie linguistique et la présence jusque dans
Plaute de formes archaïques, telles que *cap-so*, de *cap-
ere*, *faxo*, c'est-à-dire *fac-so*, de *fac-ere*, débris informes
d'un futur ou d'un aoriste premier disparu.

Outre ces trois temps, bornons-nous à mentionner : le
présent du subjonctif, *sim* pour *es-im* = gr. εἴην pour
ἐσ-jην, ary. *as-jam*; l'infinitif *es-se*, probablement par
assimilation pour *es-re*; enfin, l'impératif et deux temps
secondaires.

La racine *as* ne forme pas en latin d'autre thème que
celui du verbe *esse* et de ses dérivés. La similitude de
certaines formes du verbe *edere*, racine *ad*, est acciden-
telle. On sait, par exemple, que la 3e personne du singulier du présent de l'indicatif, *est*, il mange, n'est
pas, malgré l'homophonie et l'analogie apparente de
sens, le même mot que *est*, il est, mais provient par dissimilation de *ed-t*, pour *ed-it*, rac. *ed*, ary. *ad-ti*.

BHU. — I. - Présent disparu.

II. — Parfait : *fui*, pour *fûvi* : cette dernière forme en *vi* nous est indiquée comme la véritable par la désinence du parfait d'un grand nombre de verbes, *amavi*, *audivi*. Or, *fûvi* est dérivé, comme beaucoup de prétérits latins, d'un antique *fe-fûv-i*, ary. *ba-bhûv-a*, gr. πε-φυF-α, le *f* latin étant le représentant phonétique le plus usuel des aspirées sonores aryaques, et particulièrement du *bh*. Certains parfaits, en minorité, ont conservé en latin la réduplication originaire ; toutefois, ils affaiblissent la voyelle radicale, comme *ce-cin-i*, de *can-o*, *peper-i*, de *par-io*. D'autres, en la perdant, l'ont du moins remplacée par un allongement inorganique de la racine : ainsi *fac-io*, *leg-o* ont fait *fe-fic-i*, *le-lig-i*, puis, par chute de la seconde consonne *feic-i* ou *fêci*, *leig-i* ou *lêg-i*. D'autres paraissent au premier abord n'avoir jamais eu la réduplication, tant ils en ont perdu tout vestige; mais des formes dérivées la remettent par hasard sous nos yeux, formes archaïques appelées la plupart du temps par le besoin de remplir la mesure d'un vers : ainsi *tul-i*, de *toll-o*, thème *tol*, fut jadis *te-tul-i*, comme le prouve le dactyle *rettulit* pour *retetulit*. Enfin, faute de dérivés semblables, certains parfaits n'apparaissent sous aucun aspect munis du redoublement : de ce nombre est *fui*, que l'analogie linguistique permet seule de reconstruire en *fefuvi*.

III. — Futur disparu. Mais l'infinitif *fore* pour *fu-re*, formé de la racine et de la désinence ordinaire des infinitifs présents latins, joue, comme on sait, le rôle de futur de l'infinitif du verbe *esse*. Le participe futur, *futuru-s* = ary. *bhu-tara-s*, dérive aussi très-régulièrement du thème *fu*.

Outre ces formations et quelques temps secondaires, la même racine se retrouve dans plusieurs dérivations, dont il a déjà été donné un exemple. C'est elle qui, par l'intermédiaire d'un participe passé de basse latinité, *fuitus*, a engendré notre mot *feu*, décédé, littéralement « ayant été, ayant vécu. »

VAS. — Cette racine ne se trouve, je crois, en latin dans son sens primitif d' «habiter» que dans le mot *ves-ta*, habitation, foyer domestique, d'où le nom de la déesse qui préside au foyer. Mais, au contraire, dans le sens « d'être », que, sans doute, elle possédait déjà en aryaque, puisque le latin, les langues germaniques et les langues slaves le reproduisent avec une remarquable unanimité, sans créer de thème verbal ni par conséquent s'être fort développée, elle a eu un descendant important, c'est le mot *ver-us*, vrai, littéralement « ce qui est ». Soit, en effet que *vêr-us* soit pour *vês-us*, par une permutation de *s* en *r*, qui est de règle entre deux voyelles [1], ce dernier étant le représentant d'une forme aryaque *vâs-a-s*, dérivée de rac. *vas* par gouna du radical et suffixe *a*, soit que l'on ait *vê-ru-s = ves-ru-s*, ary. *vas-ra-s*, radical non gounifié et suffixe *ra*, on doit reconnaître dans ce mot un thème provenant de la racine *vas*. Ce qui confirme cette donnée et tend de plus à faire admettre la première étymologie de préférence à la seconde, c'est la comparaison avec l'allemand actuel *wahr* ou mieux *wâr* [2], qui nous reporte à une forme gotique *vâsa* = ary *vâsas* par une permutation de *s* en *r* commune au haut allemand et au latin.

Il n'est pas impossible de conjecturer la raison pour laquelle la racine *vas*, habiter, n'a reçu dans les langues grecque et latine qu'un développement si restreint, tandis que les langues germaniques lui ont assigné des fonc-

---

[1] V. g. *gen-eris* de *gen-us* $=$ *gon-esis*, gr γεν-εσος, ary. *gan-asas; arboris* de *arbos*, etc. Schleicher, *op. cit.* p. 258.

[2] L'*h* est épenthétique : la preuve, c'est qu'il manque à *zwar* pour *zu war*, à la vérité, sans doute.

tions si étendues. Sa forme la prédestinait à être confondue avec la racine *vas*, vêtir, dont rien ne la distinguait phonétiquement ; or, précisément, le rameau germano-slave a à peu près laissé tomber cette dernière, que le latin et le grec ont au contraire fortement développée, et l'autre, *vas*, a été comme étouffée par la croissance touffue de son homophone. C'est encore ici une application de la loi de concurrence vitale : deux formes identiques à fonctions dissemblables ou deux formes différentes à fonctions analogues, tendent à s'absorber ou à s'annuler l'une l'autre. Le grec a tiré de la racine *vas*, vêtir, nombre de mots, tels que : ἕημι, je revêts, c'est-à-dire Ϝισ-η-μι, ary. *vis-â-mi*, affaiblissement de la voyelle radicale ; ἐσθής, vêtement, — Ϝεσθης, Ϝεστης, par permutation en aspirée de la non-aspirée consécutive au σ, génitif Ϝεστητος, d'où thème Ϝεσ-τη-τ-, correspondant à un aryaque *vas-ta-ti-*, formation obtenue par deux suffixations successives [1] ; ἕννυμι, je revêts, par assimilation pour Ϝεσ-νυ-μι, ary. *vas-nu-mi* ; ἔαρ, printemps, pour Ϝεσ-αρ, identique comme sens, sinon morphologiquement, au skr. *vas-anta-s*, littéralement « le vêtissant », etc. On a de même en latin : *vestis*, vêtement, c'est-à-dire *ves-ti-s*, ary. *vas-ti-*, racine et suffixe *ti* ; *vêlum*, voile, par *ersatzdehnung* pour *ves-lu-m* = ary. *vas-ra-m*, rac. + suff. *ra* ; *vêr*, printemps, pour *ve-ser*, comme plus haut [2]. Donc, dans

---

[1] C'est la même suffixation qui forme en latin les substantifs en *tas* : *pietas*, *pie-ta-ti-s*.

[2] Voilà, certes, un exemple bien curieux des étymologies fausses qui se présentent avec toutes les apparences de la réalité. Il n'est personne qui, à première vue, ne fût tenté de rapporter *ver* à la même racine que *viridis*, la concordance de sens étant frappante, bien que Varron n'y ait pas songé (*De ling. lat.* VI, 9), mais il relève des dérivations encore plus étranges Or, *ver* pourrait, en effet, aussi bien que *viridis*, provenir de la racine primitive *ghar*, vert, mais le grec ἦρ, ἔαρ, qui ne saurait provenir d'une racine débutant par une aspirée sonore explosive, nous remet dans le droit chemin C'est une preuve de plus de cette vérité encore trop peu reconnue, que pour se mêler avec fruit d'étymologie, il ne suffit pas de posséder à fond la langue qu'on a prise comme objet spécial d'étude, mais il faut encore connaître, au moins superficiellement, toutes celles de la même famille.

2

notre hypothèse, les langues du rameau gréco-italique auraient perdu la racine *vas*, habiter, par suite de la puissante évolution de son homophone *vas*, vêtir, et le phénomène exactement inverse se serait produit dans la branche germano-slave.

§ V. — LANGUES ROMANES.

Dans une étude portant sur la généralité des langues indo-germaniques, il n'y aurait pas lieu de parler des dialectes néo-latins, dont les conjugaisons sont exactement calquées sur celles de leur ancêtre commun, si, par une confusion aisée entre les formes assez voisines des deux verbes latins *esse* et *stare*, elles n'avaient ajouté à la conjugaison de leurs verbes « être » un élément tout-à-fait étranger à ce même verbe dans les autres idiomes de la famille. C'est ce qu'il convient de montrer brièvement.

Au premier rang, à ce point de vue, se placent d'abord les langues de la péninsule hispanique, où ce processus morphologique apparaît au degré le plus complet. L'espagnol et le portugais possèdent deux verbes « être », *ser* et *estar*, le premier désignant l'état essentiel et permanent, le second, l'état variable et accidentel : *ser* dérive, comme l'italien *essere*, non pas du latin *esse*, qui n'expliquerait pas la présence de la vibrante, mais d'une forme de bas latin *essere* créée par le vulgaire à l'imitation de tous les infinitifs latins, qui se terminent en *re*, le seul *esse* faisant exception ; *estar* vient sans difficulté de *stare*, et ces deux verbes conservent d'une manière satisfaisante, dans la plupart de leurs temps, leurs formes ancestrales respectives.

Le mélange des deux éléments en un seul verbe apparaît dans l'italien, qui n'emprunte toutefois à *stare* qu'un seul temps, le participe passé, *stato*, nécessaire pour la conjugaison de ses temps composés, et qui manque à *esse*. Moins pur est déjà le provençal, bien moins pur le français, qui dérive de *stare* un temps que possédait *esse*, · l'imparfait de l'indicatif, *estois*, *stabam*, outre le participe présent, *estant*, *stans*, et le participe passé, *esté*, *status*. [1] Bien plus, l'infinitif même *estre*, qui dérive incontestablement de *essere* (car *stare* a formé régulièrement *ester*, mot de la langue judiciaire), se ressent cependant de l'influence de *stare* : il est impossible, en effet, d'expliquer le *t* médial du mot, sans admettre que, sous cette influence étrangère, le bas-latin *essere* s'est encore corrompu en *estere*, en sorte que le mot *estre* est une formation mixte de l'un et l'autre verbe. Le roumain seul ne s'est point altéré par ce mélange, et conjugue son verbe « être », non pas, sans doute, tel que le latin le lui a légué [2], mais sans le secours de *stare*.

C'est ainsi que la racine *sta*, qui ne se présente dans les autres langues indo-européennes qu'avec son sens primitif de « se tenir debout », revêt, en outre, dans les langues néo-latines la signification accessoire d' « être », et qu'à ce titre elle a dû prendre place dans cette étude. Quant à son évolution dans son acception originaire, tout le monde la connaît, et elle est d'un degré si élevé, qu'on ne saurait, ce semble, ouvrir au hasard un vocabulaire d'une langue indo-européenne quelconque, sans tomber sur un dérivé plus ou moins direct de ce fécond radical.

---

[1] Le français a possédé jusqu'au XIVe siècle un futur du verbe « être », *j'iers* pour « je serai », régulièremeut dérivé de *ero*. Ce futur ressemblait à l'imparfait normalement tiré de *eram*, et la facilité de les confondre a probablement été l'une des causes de leur abandon.

[2] Il y mêle le verbe *fieri* : infinitif *a fi*.

§ VI. — LANGUES GERMANIQUES.

Les langues germaniques possèdent, dans le sens qui nous occupe, les trois racines *as, bhu* et *vas*, et les emploient en général concurremment dans la conjugaison. Mais à l'égard de cet emploi, il existe entre elles d'assez notables différences, qui nous obligent à envisager séparément chacun des grands dialectes qui se sont greffés sur le tronc de l'antique langue germanique. Celle-ci ne fut jamais écrite, et ne nous est connue que par restitutions conjecturales opérées à l'aide du gotique, du nordique, du bas-allemand et du haut-allemand. C'est donc dans ces quatre rameaux à la fois qu'il convient d'examiner les modifications thématiques de nos racines [1].

A S. — (A) Gotique.— La racine *as*, par affaiblissement vocalique, devient *is*, et ce thème *is-* est susceptible, comme ceux du sanskrit et du latin, de perdre sa voyelle radicale. — Présent de l'indicatif : sg. 1. *im* pour *is-mi* = ary. *as-mi* ; — 2. *is* pour *is-i*, ary. *as-i* ; — 3. *is-t* pour *is-ti*, ary. *as-ti* ; — pl. 3. *s-ind* pour *is-indi* = ary. *as-anti*, par chute de l'initiale et de la finale. — Le parfait, qui serait *is-eis-a*, par réduplication et gouna du radical, a complètement disparu, comme dans toutes les langues germaniques. — Il en est de même du futur ; au reste, on sait que les langues germaniques ont absolument perdu l'antique mode de formation des futurs en *sja* ; dans toutes, ce temps est périphrastique. — Présent du subjonctif : *sijau, sijas, sijai*, pour *is-ijam*, ary. *as-*

---

(1) On ne s'étonnera pas de la sècheresse des finales, étant donné que, de toutes les langues indo-européennes, les germaniques sont celles qui ont fait subir aux riches désinences de l'aryaque les plus profondes altérations, jusqu'à les rendre la plupart du temps méconnaissables.

jâm, cpr. lat. *sim*, gr. εἴην (v. supra).— Infinitif présent :
is-an, thème et suffixe *an*.

(B) Nordique. — Le thème *as-* est devenu *ar-*, par permutation de *s* en *r* devant la voyelle de la désinence,
puis *ar-*, par affaiblissement vocalique. — Présent de
l'indicatif : sg. *àr = är-a*; pl. *ar-e*. Les finales de conjugaison ont disparu, ce qui nécessite l'emploi des pronoms
personnels, comme en français. — Aucun autre temps.

(c) Bas-allemand. — La voyelle n'est pas changée, au
moins en général ; mais la consonne permute en *r* par le
même phénomène qu'en nordique : d'où thème *ar-* devant
les désinences commençant par une voyelle, et *as-*
devant celles qui débutent par une consonne, comme on
peut le voir dans la conjugaison anglaise. — Présent de
l'indicatif : sg. 1. *am* pour *as-m = as-mi*, plus pur que le
gotique ; — 2. *art*, c'est-à-dire *ar-t* pour *ar-est*, le haut
et le bas-allemand remplaçant l'*s* primitif par *st*, par une
corruption dont on trouve déjà des traces dans le
gotique [1] ; — 3. *is*, comme got. *is-t*, d'un thème excep-
tionnel *is* ; pl. *ar-e*, désinences perdues. — Aucun autre
temps.

(D) Haut-Allemand. — Thème *is*, comme en gotique.
— Présent de l'indicatif : sg. 3. *ist* ; pl. 1.3. *sind*, la 3e
régulière, la 1re formée sur son modèle par une confusion
que présentent tous les verbes ; 2. *seyd* = got. *is-aith* (?),
de l'ar. *as-tasi*, corrompu en *is-atasi* par insertion de
l'*a* initial de la désinence, qui est souvent indice du présent des verbes aryaques. — Présent du subjonctif : *sey*,

---

[1] La très-primitive langue ne distinguait probablement, suivant la logique et la
nature des choses, que deux personnes, *le moi* et *le non-moi; moi* et *autrui* : à la
1re était affecté le suffixe *ma*, *mi*, à la 2e, le thème démonstratif *ta*, *ti* Plus tard,
quand la personne *autrui* se différencia en personne présente (*toi*) et personne absente
(*lui*), son suffixe se différencia de même en *sa*, *si* et *ta*, *ti*. Faut-il voir dans le *st* allemand, qui contient à la fois les deux formes, une confusion entre la 2e et la 3e personne du singulier résultant d'un phénomène d'atavisme ?

seyest, etc., cpr. got. *sijam*. — Infinitif : *seyn* = got. *is-jan* pour *is-an*. — Aucun autre temps.

BHU. — (A) Gotique : *'bu* = ary. *bhu*. Cette racine ne remplit pas de fonction dans la conjugaison du verbe « être » ; mais on la retrouve dans d'autres formations.

(B) Il en est de même en nordique.

(C) Bas-allemand : thème *be* = *bi*, got. *bu*. — Présent de l'indicatif : sg. 1 (néerlandais) *been* = ary. *bhu-mi*. — Infinitif : *be*. — Participe passé : (anglais) *been* ; (angl.-sax.) *be-on* = ary. *bhav-ana*. — Présent du subjonctif : (anglais) *be*.

(D) Haut-allemand. — L'*u* radical s'altère et devient *i*. Cela posé, le gotique *bu* appelle en haut-allemand rigoureux, d'après la loi de Grimm, un thème *pi-*, qu'on rencontre, en effet, dans des flexions archaïques, telles que *pi-ru-mes*, nous fûmes ; *pi-ru-t*, vous fûtes, ary. *bhu-s-masi*, *bhu-s-tasi*, etc [1]. Mais le haut-allemand moderne conserve le *b* gotique. — Présent de l'indicatif : sg. 1. *bin*, c'est-à-dire *bi-n* = *bumi* ; 2. *bist* ou *bi-st* = *bu-si*. — Les autres personnes et les autres temps ont disparu.

Outre ces temps de verbe, la racine *bhu* a formé encore un certain nombre de mots germaniques, parmi lesquels on peut citer : 1° got. *bag-m* pour *bav-m*, nord *baamr*, anglo-sax. *beàm*, ht-allem. *boum*, allem.-mod. *baum*, arbre, à envisager comme l'équivalent d'une forme primitive *bhav-ma-s*, racine gounifiée et suffixe *ma*, littéralement « le croissant », cpr. gr φυτόν ; 2° got. *bau-an*, habiter, angl. *bow*, allem. *bau-en*, exploiter, construire, correspondant à un verbe aryaque *bhav-aja-n*, racine gounifiée et suffixe *aja* donnant au thème un sens causatif, littéralement « faire être, donner l'être ». Ces forma-

---

[1] Scheicher, *op. cit.*, p. 828.

tions sont fort curieuses en ce qu'elles attestent la perpétuité, à travers les siècles et les espaces, des procédés lexiologiques légués par la langue mère à ses descendants.

VAS. — (A) Gotique. — Le sens primitif de « demeurer, rester » persiste en gotique, et il s'y adjoint accessoirement celui d'être » Ce dernier sens subsiste à peu près seul dans les dialectes modernes. Comme *as* s'affaiblit en *is*, de même le thème *vas-* est devenu *vis-* aux temps présents : infinitif, *vis-an*; présent de l'indicatif, *vis-a*.— Parfait : sg. 1. *vas*, même affaiblissement vocalique, de *vâsa* = *vavâsa*, chute du redoublement et permutation de *à* en *a*; pl. 1. *vês-um*, cpr. ht.-allem. *vârumes* équivaut à l'aryaque *vâsmasi*, sans affaiblissement cette fois, puisque *ê* gotique — *â* aryaque. — Futur : disparu.

(B) Nordique : *vàs* = got. *vis*; *var* = got. *vas*, *vês*, autrement dit le thème faible garde sa consonne et le thème fort la permute en *r*.— Infinitif faible : *vàs-en*, got. *vis-an*. Cet infinitif n'entre plus dans la conjugaison et n'est plus employé dans le nordique moderne que comme substantif : suéd. *vasenet*, l'être. — Infinitif par permutation consonnantique : suéd. *var-a*, dan. *vär-e*. — Présent de l'indicatif disparu. — Parfait : sg. *var* = got. *vas*; pl. *vâr-e* = got. *vês-*. — Présent du subjonctif : *vare*.

(C) Bas-allemand : thème du présent disparu ; thème du parfait : sg., voyelle brève, sans permutation de la consonne, *was* 'anglais et néerlandais) = got. *vas*; pl. voyelle longue, avec permutation de *s* en *r*, (angl.) *wêr-*, (néerland.) *waar-* = got. *vês-*. — Aucun autre temps, sauf l'imparfait du subjonctif, *wère*, comme nordique *vâre*.

(D) Haut-allemand : thème faible sans permutation *wes-*, fort avec permutation *war-*. — Infinitif : *wesen*, nord. *väsen*, got. *visan*, n'est plus usité que substantivement.

— Participe passé : *ge-wes-en* = got. *ga-vis-an*. — Pas de présent ni de futur. — Parfait : sg. *wär* = got. *vas* (l'*a*, qu'on prononce aujourd'hui long, est organiquement bref, comme le prouve le témoignage unanime des autres langues germaniques) ; pl. *wâr* = got. *vês-*. — Imparfait du subjonctif : *wàre*.

Outre ces thèmes verbaux, la racine *vas* a encore produit en allemand, mais dans le sens d' « habiter », les mots suéd. *vaana* [1], allem. *wohn-en*, c'est-à-dire *wó-nen* [2]. Ces formations secondaires sont à envisager comme équivalant à *vaan*, et celle-ci à *vasn* par *ersatzdehnung* ; *vasn* à son tour nous reporte à un thème présent aryaque *vas-nu-*, phoniquement identique à *vas-nu-*, vêtir, gr. Ϝεσ-νυ-. En ce qui concerne le mot allem. *welt*, monde, angl. *world*, nord. *verld*, c'est-à-dire *ver-l-d*, qui nous reporte peut-être à un gotique *vas-al-da* et à un aryaque *vas-ar-ta*, « l'habitée » (ἡ οἰκουμένη γῆ), le mieux est de rien affirmer, à cause de la difficulté de rendre compte de la fonction de la double suffixation qu'on est obligé de supposer pour reconstituer les éléments morphologiques de ce dérivé.

Comme récapitulation générale de cet aperçu de la conjugaison du verbe substantif dans les langues germaniques, présentons un tableau de cette conjugaison dans les trois langues modernes les plus usitées comme types respectifs du nordique, du bas-allemand et du haut-allemand, le gotique s'étant éteint sans postérité.

---

(1) Je suis obligé de transcrire par *aa*, qui est d'ailleurs sa forme originaire, l'*a* suédois qui équivaut à *o* long.

(2) L'*h* est épenthétique, comme le prouve bien la forme nordique.

SUÉDOIS.		ANGLAIS.		ALLEMAND.	

Indicatif présent.

FORME.	RAC.	FORME.	RAC.	FORME.	RAC.
S. 1. Jag ær.		I am.		Ich bin.	BHU
1. Du ær.		Thou art.		Du bist.	
3 Han ær.	AS.	He is.	AS.	Er ist.	
P. 1. Vi æro.		We are.		Wir sind.	AS
2. J æro		You are		Ihr seid.	
3. De æro.		They are.		Sie sind.	

Prétérit.

S. 1. Jag var.		I was.		Ich war.	
2. Du var.		Thou wast.		Du waret.	
3. Han var.	VAS.	He was.	VAS	Er war.	VAS.
P. 1 Vi voro.		We were.		Wir waren.	
2 J voro.		You were.		Ihr waret.	
3. De voro.		They were.		Sie waren.	

Subjonctif présent.

S. 1. Jag vare.		I be.		Ich sei.	
2. Du vare.		Thou beest.		Du seist.	
3. Han vare.	VAS.	He be.	BHU.	Er sei.	AS.
P. 1. Vi vare.		We be.		Wir seien.	
2. J vare.		You be		Ihr seiet.	
3. De vare.		They be.		Sie seien.	

Imparfait du subjonctif.

Jag vore, etc.	VAS	I were.	VAS.	Ich wære, etc.	VAS.

Infinitif.

Vara.	VAS.	To be.	BHU.	Sein.	AS.

Participe présent.

Varande (1).	VAS.	Being.	BHU.	Seiend.	AS.
				Wesend.	VAS.

Participe passé.

»	»	Been.	BHU.	Gewesen.	VAS.

(1) On remarquera l'étonnante pureté de cette forme en le comparant à sa corrélative sanskrite *vasantas*.

On voit que les trois prétérits sont identiques, à l'indicatif et au subjonctif, les trois présents presque semblables, mais que l'infinitif, les participes et le présent du subjonctif empruntent leurs formes dans chaque langue à des racines différentes

Un mot encore sur une formation spéciale au haut-allemand et au nordique. Celui-ci possède une forme médiopassive identique à celle du latin et des langues slaves; l'autre y supplée par un passif périphrastique, comme celui du français « je suis aimé ». L'auxiliaire employé à cet effet n'est point le verbe « être », mais bien le verbe « devenir », allem. *ich werde*, suéd. *jag varda*, et celui-ci n'a rien de commun avec l'ancienne racine *bhu*, qui avait le même sens. Le thème haut-allemand *werd-en* nous reporte à un gotique *vairth-an*, qui correspond à la racine aryaque *vart*, tourner, lat. *vert-ere*. L'allemand dit donc « je suis aimé, on m'aime », *ich werde geliebt*, littéralement « je tourne, je deviens aimé », locution à rapprocher de l'espagnol, où le verbe *tornar* peut prendre accidentellement le sens de « devenir ». Ainsi, voilà encore une racine primitive mise accessoirement à contribution pour exprimer une des mille nuances de la signification du verbe « être ».

§ VII. — LANGUES SLAVES.

Les deux racines *as* et *bhu* sont les seules qui entrent dans la conjugaison des langues slaves, qui, bien différentes à cet égard des langues germaniques, ne présentent de l'une à l'autre que d'insignifiantes variétés dialectales.

A S devient en slavon comme en latin *es*, qui s'altère en *jes* par iotacisme de l'*e* initial : ce processus phonétique est de règle absolue et commun à toutes les langues slaves ; par influence de voisinage, il s'est même communiqué au roumain. — Présent de l'indicatif : (vieux slavon) sg. *jes-mï* [1], par affaiblissement de la finale, pour *asmi*, polon. *iestem* ; 2. *jes-ï* — ary. *as-i* ; 3. *jes-tï* = *as-ti*, polon. *iesz-cze* ; pl. 1. *jes-mü* [2], cpr. lat. *es-mus* = *as-masi* ; 2. *jes-te* — *as-tasi* ; 3. *sutï* pour *jes-untï*, cpr. lat. *sunt* pour *es-unt*, seule personne où se produise la chute de la voyelle radicale. Quant à la disparition de la nasale, elle est de règle à la 3e personne du pluriel de tous les verbes slaves : ary. *as-anti*. Le russe a conservé, sous les mêmes formes, les deux 3es personnes : *jestï*, *sutï*. — Participe présent : *sants* (très-ancien) pour *jes-ant-s*, ary. *as-an-tas*. — Aucun autre temps.

Les langues slaves ont encore des formations secondaires, telles que : polon. *iestestwo*, russe *sus'c'estvo* (substant.), être, *sus'c'estvujus'c'ïï*, existant, actuel, etc.

BHU devient en slavon *by* [3], et ne conserve guère plus de temps que le thème *jes*. — Infinitif présent : *by-tï* = ary *bhu-ti*, formé par suffixation au thème pur de l'indice *ti*, commun à tous les infinitifs slaves. — Participe passé : *by-l-*, et avec les indices des trois genres, *by-l-ü*, *-a*, *-o*, ayant été. L'*l* slave étant toujours le représentant, dans les suffixes, d'un *r* primitif, ce temps nous reporte à un aryaque *bhu-ra-* (thème pur + suff. *ra*), et c'est ainsi que se forment tous les participes passés des langues slaves. — Parfait : *bjechü*, *bychü* [4], forme non primitive, qui, d'ailleurs, a disparu dans les idiomes modernes. — Le rameau slave a complètement perdu le futur aryaque.

[1] *ï* représente la finale muette douce des Russes, *j* final du croato-serbe

[2] *ü* représente la finale muette dure du russe

[3] *y* représente l'*ï* sourd et labial du russe et du slavon, qui provient ordinairement de l'*u* pur indo-européen.

[4] *ch* == *ch* allemand, *x* russe ou X grec moderne.

Reste le présent de l'indicatif, dont la genèse est vraiment curieuse et presque unique. Le thème *bby-* = ar. *bhu-* est d'abord élevé au gouna et devient *bu-* = ar. *bhau-*. Puis, on y affixe un autre thème verbal, la racine *dha* (grec θε, τίθημι), qui signifie « placer, faire » (allem. *thu*, angl. *do*), et l'on conjugue ces deux éléments soudés ensemble par un procédé lexiologique analogue à celui qu'emploient les anglais lorsqu'ils disent, par exemple, *I do eat*, litteralement « je fais (que je) mange ». On a ainsi : sg. 1. *bu-du* = ary.*bhau-dhâ-mi.*; 2. *bu-de-s'i, bhau-dha-si*; 3. *bu-de-ti, bhau-dha-ti*; — pl. 3. *bu-du-ti, bhau-dhan-ti*. On voit que les désinences personnelles sont fort bien conservées.

D'après cela, il semblerait que le verbe « être », en slave, eût deux présents, *jesmï, budu*, et point de futur. Il n'en est rien : le second joue le rôle de futur et ne s'emploie que comme tel. Bien plus, il sert à la forma-. tion du futur de tous les verbes par un procédé périphrastique, v. g. rus. *ja budu djelatï*, je ferai, comme allem. *ich werde machen*, littéralement « je serai faire ».

En résumé, les langues slaves modernes conjuguent leur verbe « être » de la manière suivante. — Présent : rus. *jestï*, il est, polon. *ieszcze*, croato-serbe, *jest*, rac. *as*. — Prétérit : polon. *bylem*, je fus, rus. *onü bylü*, cr.-sb. *on bil*, il fut, littéralement « lui ayant été », forme ordinaire de tous les prétérits slavons, qui ne sont autre chose que des participes passés devant lesquels est sous-entendu le verbe « être » : *onü (jestï) djelalü*, il (est) ayant fait, il fit; *on (jest) bil*, il (est) ayant été, etc.; rac. *bhu*. — Futur : *ja budu*, présent du verbe *bytï* employé comme futur du verbe *jesti*; rac. *bhu*. — Infinitif : rus. *bytï*, polon. *budz'*, cr.-sb. *biti*; rac. *bhu*. — Participe passé : *bylü, bil*. — Les temps du subjonctif sont identiques à ceux de l'indicatif.

Le thème *by-* forme encore dans les langues slaves

divers mots, dont le plus remarquable est le verbe qui présente le sens de « demeurer, habiter », rus. *byvatï*, polon. *bywac′*, *bawic′*, littéralement « être habituellement ». C'est une forme intensive ou durative du thème *bhu*, ary. *bhv-a-ti*, *bhav-a-ti*, comme il est dit plus haut.

VAS. — Le slave a encore moins conservé que les langues germaniques la racine *vas* dans le sens d' « habiter » ; il emploie dans cette acception l'intensif de *bhu* ou le verbe «vivre», rus. *z′itï*, *z′ivatï*[1]. Mais elle n'entre pas non plus dans la conjugaison du verbe « être », bien qu'elle ait ce sens dans les quelques dérivés qu'on en peut signaler, par exemple : 1° rus. *ves′c′i*, c'est-à-dire *ves′-c′i*, équivalant, d'après les lois de permutation des langues slaves, à un thème aryaque *vas-ti-*, rac. pure + suff. *ti*, littéralement « ce qui est », chose quelconque; 2° rus. *vesü*, tout, et en flexion *vsje*, *vsjo*, etc., polon. *wszystek*, correspondant à un thème primitif *vas-a*, le étant. Ces dérivations ne doivent pas nous arrêter plus longtemps.

La racine *vas*, vêtir, a aussi un représentant fort curieux dans les langues slaves : c'est le slavon *vesna*, printemps, rus. *vesna* (racine et suffixe *na*), qu'il y faut rapporter au même titre que le latin *ver* (V. supra). Même celui-ci a un congénère plus ressemblant encore dans le nordique, suéd. *vaar* (même sens).

---

[1] *z′* = *j* français. — A rapprocher de l'anglais, qui dit également *to live*, vivre, pour « demeurer. »

CONCLUSION.

De crainte d'allonger démesurément une étude qui ne pourra mériter quelque indulgence qu'à la condition d'être contenue dans de justes limites, j'ai élagué tous les développements qui ne s'appliquaient pas directement au sujet. Il en est pourtant qui auraient encore mérité d'y trouver place : ainsi, j'aurais pu et dû peut-être, accordant davantage à l'hypothèse, examiner l'évolution de la racine *as* sous sa forme intervertie *sa*, où elle conserve en général son sens primitif « être » en y joignant celui de l'unité. Il y avait là matière à recherches fécondes, mais aussi à conjectures hasardées ; et le but que je me suis proposé avant tout est de faire voir la précision, la rigueur, la sûreté de la méthode linguistique, que beaucoup de personnes, même lettrées, confondent encore avec les puérils jeux de mots de l'étymologie. Dans celle-ci, tout n'est qu'incertitude et arbitraire : les mots, torturés en cent façons pour les besoins de la cause, revêtent les aspects les plus bizarres ; les lettres s'ajoutent, se retranchent ou permutent sans règle et sans raison. La linguistique, au contraire, n'identifiera jamais deux formes, même en apparence les plus voisines, sans les avoir ramenées à une forme commune, en vertu de principes de phonétique et de morphologie fixes et constants. C'est par la certitude de ses résultats que cette science, pourtant née d'hier, a conquis et continuera d'occuper un rang honorable parmi les sciences naturelles, à côté de l'anthropologie, dont elle est l'auxiliaire et le complément indispensable.